T0097972

SOUL OF NEW YORK

BELEEF 30 BIJZONDERE ERVARINGEN

TEKST: TARAJIA MORRELL
FOTO'S: LIZ BARCLAY
ILLUSTRATIES: ABBIE ZUIDEMA

UITGEVERIJ JONGLEZ

Reisgidsen

'HEEL SIMPEL,
IK WAS VERLIEFD OP NEW YORK.
EN DAT "VERLIEFD" IS NIET BIJ WIJZE VAN SPREKEN,
MAAR ECHT VERLIEFD OP DE STAD,
ZOALS JE VERLIEFD WORDT OP DE EERSTE PERSOON
MET WIE JE OOIT CONTACT VOELT,
WAARNA JE NOOIT MEER OP DIEZELFDE MANIER
VERLIEFD ZULT WORDEN.'

JOAN DIDION

New York City in 30 bijzondere ervaringen? Een onmogelijke opdracht, dacht ik. Verwarrend. Bedrieglijk ook! Bij pogingen mijn stad samen te vatten tot 30 plekken, kwam ik al snel tot de conclusie dat mijn liefde voor deze stad evenzeer de ruimtes tussen de locaties betreft – het onderweg zijn, zeg maar – als de plekken zelf.

Vaak heb ik voor dit boek dan ook een locatie omgebouwd tot 'een ervaring', ongeveer zoals een New Yorker zijn juryplicht veraangenaamt door onderweg naar de rechtbank een lekkere lunch te scoren met pho bij Thái So'n (een heel goede Vietnamees op Baxter Street, die de laatste 30 niet heeft gehaald, maar hij staat er nu toch mooi in). Wij New Yorkers zijn slordig en koppig. Eindeloos proberen we de stad om te buigen naar wat wij willen, maar altijd wint de stad, en hoe frustrerend dat ook is, onze liefde groeit er alleen maar van.

Als kind van de jaren '80 groeide ik op met het Central Park als dwaaltuin. Vroeg in de jaren '90 hing ik stiekem rond in SoHo (voordat het één grote shopping mall was), ook al vond mijn moeder dat te gevaarlijk. Eind jaren '90 zat ik vaak met mijn oom en tante in schemerige hippe restaurants als de Lucky

Strike, om daarna clubs binnen te glippen die om diverse redenen nu weer hopeloos uit zijn. De stad evolueert voortdurend, vreet zichzelf op, verandert van grootte en vorm zoals Alice in Wonderland (bezoek haar bronzen beeld in het Central Park!). De dans tussen nostalgie en vooruitgang houdt nooit op. Wat origineel is, wordt weggedrukt door de gentrificatie en de hebberige huisbazen, nette namaak komt ervoor in de plaats om ons te verleiden met een zweem van herkenning.

Met pijn in het hart kan ik jullie niet meer naar een aantal bijzonderheden verwijzen, omdat ze in de strijd het loodje hebben gelegd, zoals Antique Boutique en El Quixote in het Chelsea Hotel (waar ooit eigenzinnige dichters als Bob Dylan en Dylan Thomas en Leonard Cohen de nacht doorbrachten), omdat projectontwikkelaars er luxe oorden van hebben gemaakt. Maar ook dat is New York.

De aanhoudende straatparade van mode, kunst, handel en vlees is even hypnotiserend als een Broadwayshow. Een tip: te voet onderga je daarvan veruit het meest.

Overbodig te melden dat er meer weggelaten is dan ik erin kreeg, maar ik hoop dat je inzichten opdoet uit de lagen die ik heb aangelegd: oud, nieuw, chic en bescheiden, bloeiend, overlevend en steeds opnieuw uitgevonden.

Laat je uitputten door New York.
Dat is het waard.

Tarajia Morrell

WAT JE NIET AANTREFT
IN DEZE GIDS

- avocado-toast
- Broadway-tips
- waar je Instagramfoto's moet maken (de momenten komen vanzelf!)

WAT JE WÉL VINDT
IN DEZE GIDS

- hoe je pizza eet zoals een New Yorker
  (NB: daar wordt verschillend over gedacht)
- waar een topkunstenaar leefde en werkte
- een smallere taille zonder sit-ups
- dumplings achter een telefoonwinkel
- wat bestel je in een historisch 'feministisch' restaurant
- net zo'n kettinkje als Carrie Bradshaw
- een stationsgebouw waar je kunt tennissen

Openingstijden variëren vaak.
Bij de adresgegevens staat steeds de website,
waar je online de stand van zaken kunt checken.

DE ICOONTJES IN
'SOUL OF NEW YORK'

Gratis

Minder
dan $20

$20
tot $100

Meer
dan $100

Op is op

Reserveren

Typisch
New York!

Voor
stelletjes

NEW YORK

MANHATTAN

QUEENS

BROOKLYN

GOVERNERS ISLAND

ROCKAWAYS

30 BIJZONDERE ERVARINGEN

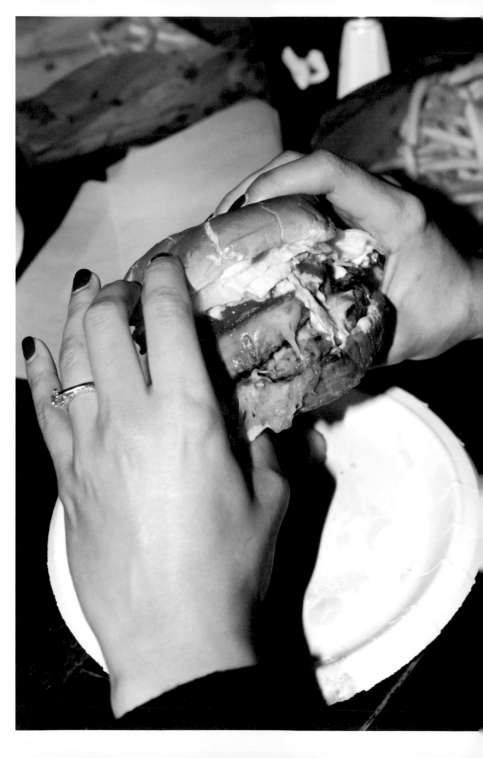

GENIET VAN EEN
'UNDERGROUND' BURGER

Grote warenhuizen, het Museum of Modern Art, het Rockefeller Center, wolkenkrabbers – bijna ontelbare redenen om Midtown aan te doen. Maar bijzonder bevredigend is het om de glanzende lobby van hoogbouwhotel The Parker te betreden, waar een neonlicht en de overweldigende geur van gegrild rundvlees je naar een van New Yorks heerlijkste burgers leiden. Dit fenomeen is niet ambachtelijk, het is pretentieloos, alleen maar een perfecte all-American burger in een ruimte die nog het meest op de bunker van een punkclubhuis lijkt.

We zijn dol op combinaties van 'hoog en laag', dus eerst een weelderige cocktail in The Grill – het Mies van der Rohe-ontwerp met typisch New Yorkse uitstraling (vroeger het Four Seasons) – en daarna doorlopen naar The Burger Joint voor een klassieke cheeseburger is een suggestie die niet hoeft te verbazen.

 THE BURGER JOINT
THE PARKER HOTEL
119 WEST 56TH ST, NEW YORK, NY 10019

+1 (212) 708 7414   burgerjointny.com

THE GRILL
THE SEAGRAM BUILDING
99 EAST 52ND ST, NEW YORK, NY 10022

+1 (212) 375 9001   thegrillnewyork.com

MAATWERK
VOOR JE FIGUUR

Ooit waren in de Lower East Side rijen naaiateliers en stoffen-
winkels gevestigd – net als talloze immigranten die daar tewerk-
gesteld waren – en het is onze lievelingsplek gebleven om fijne
kleertjes te zoeken.

Heren die een op maat gemaakt pak nodig hebben, spoeden zich
naar Freemans Sporting Club, waar de gedistingeerde stadsbewo-
ner net zo makkelijk een tuxedo kan passen als een keuze maakt
uit de rustiek-elegante collectie. En, ja, dames, de kleermakers van
Freemans zullen ook jullie met liefde een pak aanmeten!

 FREEMANS SPORTING CLUB
8 RIVINGTON ST
NEW YORK, NY 10002

+1 (212) 673 3209   freemanssportingclub.com

FOTO: FREEMANS SPORTING CLUB

Intussen, *mesdames,* kan de lijn misschien een tweak gebruiken, maar liever zonder sit-ups? Orchard Corset, dat al sinds 1968 de vrouwelijke vormen dient en hun rondingen benadrukt, helpt. Eigenaar Peggy Bergstein ziet met één blik wat je taille is en ze snoert er zo 10 centimeter af. Vijftig jaar in business en een winkel die altijd even bescheiden is gebleven, ook al telt de clientèle namen als Madonna en Lizzo en drommen vrouwen die jou willen laten denken dat hun figuur compleet naturel is.

 ORCHARD CORSET
157 ORCHARD ST
NEW YORK, NY 10002

+1 (212) 874 0786

EEN PRACHTIGE DAG
IN HARLEM

Laten we eerlijk zijn: er is geen 'Soul of New York' zonder Harlem en een trip naar New York City is onvolledig als je er niet geweest bent. Donderdag is de beste dag voor een bezoek. Tussen de iconische restaurants van Harlem door wachten het Studio Museum of Harlem, vol sprankelend werk van kunstenaars met Afrikaanse roots, en het Schomberg Center for Research in Black Culture.

Sylvia's, het beroemde eethuis dat al sinds 1962 soul food serveert, is een instituut (vergeet het bijgerecht van maisgrutten met boter niet!), en meteen ernaast vind je de onstuimige, vrolijke Red Rooster Harlem, waar chef Marcus Samuellson een bruisende ode aan de uiteenlopende culinaire tradities van de buurt brengt.

SYLVIA'S
328 MALCOLM X BLV
NEW YORK, NY 10027

+1 (212) 996 0660   sylviasrestaurant.com

CHARLES' COUNTRY PAN FRIED CHICKEN
340 WEST 145 ST (BIJ EDGECOMBE)
NEW YORK, NY 10039

+1 (212) 281 1800

Wat je beslist niet mag overslaan, is een bezoek aan het informe-le Charles' Country Pan Fried Chicken op het nieuwe adres 340 West 145 St. Eigenaar Charles Gabriel is geboren op een plantage in het Zuiden, maar sinds 1965 een New Yorker. Hij maakt de beste gebraden kip die wij ooit hebben geproefd. Loop de roes van zoete aardappels (een verplicht bijgerecht) er weer af op je wandeling naar het zuiden, langs het Apollo Theater en Hotel Theresa naar de Harlem Haberdashery om daar in de typische kledinglijn te snuffelen.

DE PIZZA PARTY
DIE NOOIT STOPT

Wij zijn een pizzastad. We hebben eindeloos veel slicewinkels en een overvloed aan chiquere pizzaplekken – maar nergens is het zoals bij Roberta's, het restaurant in de wijk Bushwick dat een reflectie is van de hipster kunstenaarsgemeenschap waaruit het is ontstaan. Roberta's zit onder de graffiti en in het schijnsel van de houtoven staan picknicktafeltjes, maar de pizza's en andere rustieke Italiaanse schotels zijn opperbest. Een tiki-bar in de rommelige tuin verzorgt het aperitief. Inmiddels is Roberta's meer dan twaalf jaar in bedrijf en hun restaurantje Blanca, in een loft boven de achtertuin, draagt twee Michelinsterren, terwijl hun diepvriesproducten in het hele land bij de supermarkt worden verkocht. Maar toch, *morcilla* met peer of een 'Cowabunga Dude'-pizza eten bij rockmuziek in hun ruige eetzaal hoort helemaal bij deze originele plek en dat imiteer je niet zomaar thuis.

📍 **ROBERTA'S**
261 MOORE ST
BROOKLYN, NY 11206

+1 (718) 417 1118   robertaspizza.com

FOTO: ROBERTA'S PIZZA

FOTO: ROBERTA'S PIZZA

HOE EET JE EEN SLICE ALS EEN NEW YORKER

'Slice shops', zoals wij New Yorkers ze liefkozend noemen, zijn voor ons even wezenlijk en onmisbaar als de 'deli': op bijna elk stuk straat zit er wel een, want ze vormen een hoeksteen van het New Yorkse dieet, vooral voor wie er in de nacht op uit is. Perfect als clubdiner voordat er een nacht vol feestvreugde losbarst, de perfecte essentiële snack na een nacht vol drank, en een perfect ontbijt voor de volgende ochtend, maar vooral zijn onze slices de beste manier om met weinig geld te overleven in deze exorbitante metropool.

Als je niet wilt dat ze merken dat je geen New Yorker bent, kijk dan hier hoe je je slice hoort te hanteren.

(NB: hier wordt verschillend over gedacht.)

05

NEW YORK CITY'S
EIGEN SURF TOWN

Onze eigen badplaats, de Far Rockaways, bereik je door een ritje met de auto of subway (een trein). We vroegen een daar woonachtig stel, Anna Polonsky (stichter van merkenbureau Polonsky & Friends) en Fernando Aciar (keramist en grondlegger van OStudio en O Café), om ons professioneel rond te leiden door Rockaway. Kom naar het strand! Zelfs 's winters is het er prachtig!

1. Voor een fijne wandeling langs het strand begin je bij Beach 67.

2. Uma's – overheerlijk Oezbeeks eten!
   92-07 Rockaway Beach Blvd

3. Tacoway Beach* – door deze plek is Rockaway beroemd geworden!
   Surf Club, 302 Beach 87th St

4. Whit's End – steenovenpizza + lekker bikken bij lokale chef Whitney Aycock.
   97-02 Rockaway Beach Blvd (alleen contant)

*Open in het seizoen

5. La Fruteria* – avocadosmoothies!
Rockaway Beach Club, Beach 97th St

6. La Cevicheria* – best in town!
97-01 Shore Front Pkwy, Beach 97th St

7. Goody's – uper Jamaicaans eten!
7018 Amstel Blvd, Arverne

8. Rippers* – klassieke burgers & rock-'n-roll!
8601 Shore Front Pkwy, Beach 86th St

9. Rockaway Brewing Co. – lokaal bier, wisselende foodtrucks, fun events enz..
415 B 72nd St, Arverne

10. Rockaway Beach Bakery – heerlijke ham-kaascroissants en brownies!
87-10 Rockaway Beach Blvd

11. Cuisine by Claudette – wij zijn dol op hun bananenbrood en açaí-bowl!
190 Beach 69th St, Arverne

12. Caracas* – beste arepas van NY!
106-01 Shore Front Pkwy

13.a. Edgemere Farm* – biologische honing en andere etenswaren!
385 B 45th St

13.b. Edgemere marktkraam – het hele jaar door in het weekend!
3-23 Beach 74th St, Far Rockaway, NY 11692

14. boottochtjes op de baai (ga bij zonsondergang!)

15. The Castle Rockaway – kamerverhuur, events, pop-ups workshops, enz.!

*Open in het seizoen

FOTO: JAMIE BAIRD

BLIJF KALM,
GA NAAR THE CLASS!

New York City is intens. Of je nu hier woont of dat je van verre bent aangereisd, de stad put iedereen uit. Een remedie tegen alle gekte is The Class van Taryn Toomey: een perfecte manier om opgekropte woede kwijt te raken, van je frustraties af te komen en tegelijkertijd je billen te trainen.

Stichter Taryn Toomey gelooft in oergevoel, dus laat gerust een grom of een schreeuw ontsnappen en verwacht in elk geval dat er gezweet wordt. Supermodellen Gisele Bündchen en Christy Turlington zijn fans van The Class, waar elementen van yoga, gymnastiek, plyometrische oefeningen en aerobics worden samengevoegd. Krachtige muziek en Toomey's streng-ondersteunende stem voeren je langs 'jumping jacks', 'burpees', diepe ademhaling en dergelijke, om je hart, geest en lichaam te reinigen ... zodat je er klaar voor bent om een nieuwe dag New York aan te pakken.

 THE CLASS
22 PARK PLACE, 3DE VERD.
NEW YORK, NY 10007

Online registreren	theclass.com	Draag sneakers en kom op tijd $35

FEESTEN MET BO SSÄM
EN JE VRIENDEN

Er is niemand die meer invloed op de Aziatisch-Amerikaanse keuken en de hedendaagse eetcultuur van East Village heeft gehad dan chef en ondernemer David Chang met zijn Momofuku-merk. Het spannende menu van Momofuku Ssäm, met duidelijke herkomstaanduidingen, kun je vaak met je handen eten en wordt overladen met kudos. Samen met zes tot tien vrienden proef je al snel waarom dat zo is bij een zogenaamd *'Bo Ssäm feast'*: een langzaam gegaard 7-pondsvarkensschouder die glimt in een glazuur van bruine suiker, met daarbij *ssäm*-wraps met oesters, kimchi, Koreaanse barbecue en een saus van lente-ui en gember, begeleid door flessen Riesling en Gamay en vooral heel veel plezier.

PRO TIP: Haal een groep vrienden bij elkaar en opteer voor het groot-formaat 'feast' (varken, eend of krab). Bestel als entree een proeverij van gerijpte rauwe ham met sriracha-koffie-mayonaise.

MOMOFUKU SSÄM BAR
89 SOUTH STREET, PIER 17
NEW YORK, NY 10038

+1 (212) 254 3500   ssambar.momofuku.com

EEN BIOSCOOP
ZOALS GEEN ANDERE

Geboren New Yorker Alexander Olch had een droom: een sexy bioscoop creëren die de ervaring van een filmbezoek nieuw leven zou inblazen met een beetje Old Hollywood glamour.

Iedere willekeurige avond programmeert Metrograph titels die essentieel zijn in de filmencyclopedie, van recente successen tot evergreens, van historische topregisseurs – Godard, Preminger, Wilder en Kubrick – tot ingrijpende hedendaagse verrassingen als Noah Baumbach en Spike Jonze. En alles wordt geprojecteerd op 35mm-film, wat het oorspronkelijke medium van deze kunst is – digitaal gedraaide films uitgezonderd.

Metrograph belichaamt wat er zo geweldig is aan New York – een voortdurend veranderende stad met figuren die stukken cultuur in stand houden om te zorgen dat er structuur blijft zitten in onze toekomst.

PRO TIP: Haal snacks vóór de film, en eet bij Metrograph Commissary erna.

METROGRAPH
7 LUDLOW ST
NEW YORK, NY 10002

+1 (212) 660 0312 | metrograph.com

WILLIAMSBURG
OP EEN LIJSTJE

Als je een hotel zoekt in Brooklyn, zit je nergens beter dan in het Wythe, een origineel Williamsburg-instituut in een getransformeerd fabrieksgebouw van bijna 120 jaar oud. Je hoeft geen hotelgast te zijn om te genieten van hun twee restaurant-bars, Lemon's en Le Crocodile, die met hun uitmuntende keuken en sexy uitstraling meehelpen om hier een hemels verblijf te creëren.

Je tijd in Williamsburg zou ook een drankje en een snack moeten omvatten bij Achilles Heel in Greenpoint, dat een perfecte bar is. Stoombad, sauna en massage in het Bathhouse horen erbij, net als een rondje snuffelen in het vintage-koninkrijk van Beacon's Closet of de collectie van Narnia Vintage, een mekka van Boho-chic. Een ongewone muzikale show beleef je in het unieke decor van de National Sawdust of pak een optreden mee in de Union Pool. Bij het uitzonderlijk goede Italiaanse restaurant Lilia (neem de *mafaldini!*) of de natuurwijnbar The Four Horsemen (een fantastische lunchplek met een Michelinster) moet je ruim van tevoren reserveren. Is dat niet gelukt? Ga dan naar Diner, het restaurant dat hier ver voor alle andere al zat. Heb je nog tijd? Probeer dan Baby's All Right met livemuziek en een vrolijke vibe.

 WYTHE HOTEL
80 WYTHE AVE
BROOKLYN, NY 11249

+1 (718) 460 8000   wythehotel.com

 NATIONAL SAWDUST
80 NORTH 6TH ST
BROOKLYN, NY 11249

+1 (646) 779 8455 nationalsawdust.org

BATHHOUSE
103 N 10TH STREET
BROOKLYN, NY 11249

+1 (929) 489 2284

abathhouse.com

NARNIA VINTAGE
672 DRIGGS AVE
BROOKLYN, NY 11211

+1 (212) 979 0661

narniavintage.com

LILIA
567 UNION AVE
BROOKLYN, NY 11222

+1 (718) 576 3095

lilianewyork.com

FOTO: THE JANE HOTEL

FOTO: THE JANE HOTEL

HOTELKAMERTJES
VOL GESCHIEDENIS

Natuurlijk zijn het Carlyle, de Bowery en het Greenwich hotels waar niets te wensen overblijft, als je de prijzen kunt ophoesten. Maar als je 'more dash than cash' hebt en je gevoel voor stijl niet helemaal in de pas loopt met je portemonnee, dan is er geen betere plek om te logeren dan The Jane. Dit voormalige zeemanshuis ligt in het hart van de West Village, vlak bij de Highline en het Whitney Museum. In 1912 kwamen overlevenden van de 'Titanic' hier weer op krachten en in de jaren 1980 en '90 was The Jane het epicenter van de Boho-chic en de rockrebellie. Nu is het dé coolste plek voor reizigers met een smalle beurs. De kamers lijken met hun stapelbed precies op een kajuit. In de gemeenschappelijke badkamers sluit je nieuwe vriendschappen terwijl je je tanden poetst. De kamers zijn misschien klein, maar The Jane Ballroom organiseert toch maar mooi de stijlvolste avondparty's van downtown Manhattan.

THE JANE HOTEL
113 JANE ST
NEW YORK, NY 10014

+1 (212) 924 6700   thejanenyc.com

FOTO: THE JANE HOTEL

OH, WHAT A
PERFECT DAY!

A. PERFECT DAY #1, DOWNTOWN-WESTSIDE

Neem als ontbijt een 'bodega'-sandwich bij High Street on Hudson; wandel over de Highline tot aan Chelsea en zigzag tussen de galeries aan de 18th en 26th Street. Dwaal de 9th Avenue af tot West 10th Street en stap binnen bij Cap Beauty Daily voor natuurlijke beauty- en wellnessproducten. Lunch bij Via Carota, ga dan even langs de Stonewall om eer te betuigen aan iedereen die heeft gevochten voor homorechten. Bezoek het Washington Square Park om de parade van muzikanten, studenten en spelende honden te bekijken. Zeg even 'hallo' tegen Sylvette, een Picasso tussen twee I.M. Pei-torens. Voor ongelooflijk inspirerende vintage stop je bij What Goes Around Comes Around in SoHo, en dan is het etenstijd bij Frenchette.

FRENCHETTE

 FRENCHETTE
241 W BROADWAY
NEW YORK, NY 10013

+1 (212) 334 3883 frenchettenyc.com

WHAT GOES AROUND COMES AROUND
351 WEST BROADWAY NEW YORK,
NY 10013

+1 (212) 343-1225

whatgoesaroundnyc.com

B. PERFECT DAY #2, THE EAST VILLAGE & LOWER EAST SIDE

Begin met een ontbijt van koffie en gebak bij Abraço. Boeken-liefhebbers gaan vervolgens langs bij Dashwood Books op Great Jones Street of bij het piepkleine winkeltje van Bonnie Slotnick Cookbooks, dat een overweldigende collectie culinaire uitgaven huisvest. Cadeautjes nodig voor je vrienden thuis? Dan heeft John Derian op East 2nd Street mooie spulletjes. Loop de Bowery af naar het New Museum om hedendaagse kunst te bekijken. Dorst? Tijd om een cocktail te nemen aan de bar van Freemans, het restaurant dat aan de basis stond van een internationale trend van opgezette dieren en Edison-gloeilampen in het decor. Natuurwijnbar Wildair is een mooie plek voor het diner en daarna kun je in de Ten Bells nog meer vino scoren. Vier de late avond met de jukebox, pool en cocktails van de kroeg Lucy's op Avenue A.

DASHWOOD BOOKS
33 BOND ST A
NEW YORK, NY 10012

+1 (212) 387 8520   dashwoodbooks.com

FOTO: TIMOTHY SCHENCK

FAMEUZE CHEFS: IÑAKI AIZPITARTE, JEREMIAH STONE (CONTRA, WILDAIR & PEOPLES), PAUL BOUDIER

# #
12

NAAR DE MARKT MET
NYC'S BESTE CHEFS

New York is de ultieme stadsjungle, maar de boeren die buiten de stadsgrenzen onvermoeibaar aanpoten, zijn de helden van onze eetcultuur. Oude varkensrassen, hormoonvrije kippen, mini-aubergines van het ras 'Fairy Tale' (als uit een sprookje), pluots in juli en tatsoi in december ... je haalt het allemaal op de Union Square Greenmarket, gesticht in 1976 en welig tierend als nooit tevoren.

Vroeger beschouwden Amerikanen het als bevoorrecht om alles te kunnen eten wat je maar wilde en in een jaargetijde dat het jou uitkwam. Lokale seizoensproducten leken bedoeld voor mensen die het zich niet konden veroorloven om kieskeurig te zijn. Nu is dat compleet omgekeerd en zijn juist de rijken en hoogopgeleiden zo bevoorrecht dat ze de beste producten in hun beste seizoen kunnen consumeren, die dan bovendien lokaal en verantwoord zijn verbouwd en gefokt.

 UNION SQUARE GREENMARKET
UNION SQUARE
MANHATTAN

grownyc.org

LIVE JAZZ
WAAR DE GEEST VAN MILES DAVIS RONDWAART

Als de muren van de Village Vanguard konden praten, zouden ze ons fluisterend deelgenoot maken van legendes over alle kopstukken die hier sinds de opening in 1935 hebben gespeeld. Miles Davis, Thelonious Monk, Charles Mingus, Stan Getz, Bill Evans en vele anderen hebben het West Village-keldertje opgeluisterd met hun geïmproviseerde, hypnotise- rende composities.

 THE VILLAGE VANGUARD
178 7TH AVE S
NEW YORK, NY 10014

+1 (212) 255 4037 villagevanguard.com

ICONISCHE
ARCHITECTUUR

BROOKLYN BRIDGE

DE VERENIGDE NATIES

HET GUGGENHEIMMUSEUM

DE OCULUS

HET CHRYSLER BUILDING

EMPIRE STATE BUILDING

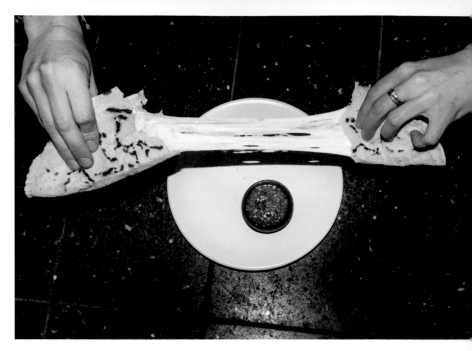

#14

FILOSOFISCHE BESPIEGELINGEN
BIJ 'BRUNCH'

Het woord brunch heeft in NYC een uniek Amerikaanse connotatie van overdaad gekregen. Maar voor onszelf – en voor Atla – gaat het nog altijd meer om gezelligheid dan om talloze Bloody Mary's, meer om de perfecte hamburger of een mooi bord pasta dan om tien-bereidingen-van-ei, Bellini's en midden op de dag feestvieren. Een City-brunch komt idealiter met een romantisch fietstochtje of een wandelingetje hand-in-hand met je liefje naar een eenvoudig maal, een glaasje wijn en daarna kunst kijken of een film. De 'weekendlunch', zoals wij het liever noemen, werkt natuurlijk ook met goede vrienden, als uitroepteken achter een middag roddelen, sightseeën, vintage-shoppen... Maar een hele glorieuze zaterdag of zondag opofferen aan de drank hoeft echt niet.

OMAKASE
MAAR DAN EXCENTRIEK

Een van New Yorks beste omakase-ervaringen beleef je waar je die niet zou verwachten. Om te beginnen is het in Chinatown. In de tweede plaats zit ernaast een *izakaya* (eetcafé) en eronder een cocktailbar, Straylight, waar de veelgeprezen kunstenaars Jonah Freeman en Justin Lowe geïnspireerd op 'art brut' een meeslepende, tripachtige experience hebben neergezet.

Maar zelfs als 'standalone' is de omakase-bar Juku van chef Kazuo Yoshida de reservering waard. De uit Nagasaki afkomstige Yoshida is een flamboyante persoonlijkheid met een hang naar glitterige streetwear, die zijn haar in neonkleuren verft. Hij leidt je door een indrukwekkend ballet van hapjes, van geelstaart, amblygaster en toro tot een verticale proeverij van *uni*, de geslachtsklier van de zee-egel, zijn persoonlijke favoriet. En als hij je iets ongewoons aanbiedt om te proeven – zeg, hom van kabeljauw (shirako) – dan is het juiste antwoord "Graag!".

 JUKU
32 MULBERRY ST
NEW YORK, NY 10013

+1 (646) 590 2111   jukunyc.com

FOTO'S: JUKU

EEN MAGISCH TRIO
IN CHINATOWN

Oh, Chinatown, met je straatverkopers van inktvis en doerians, je leeftijdsloze types die op de stoep spugen, je massagesalons, Chinese supermarkten en, uiteraard, restaurants. Een bezoek aan New York City is onvolledig als je niet door deze plakkerige straten hebt gezworven, waar eeuwenlang immigranten zijn neergestreken op vleugels van een gedroomd beter leven. In Chinatown vind je fluwelen Chinese slippers en een veelheid aan andere Aziatische prullen, fake tassen van Gucci en Louis Vuitton, maar ook voorbeelden van het beste eten in de stad. Royal Seafood, Golden Unicorn, Oriental Garden en Jin Fong zijn allemaal geweldig, maar voor ons is het perfecte trio een lunch bij Dim Sum Go Go, knippen en hoofdmassage bij de Mian Tian Sing Hair Salon en een beetje bling van de New Top Jewelry.

DIM SUM GO GO
5 E BROADWAY
(TUSSEN CATHERINE ST & CHATHAM SQ)
NEW YORK, NY 10038

+1 (212) 732 0797   dimsumgogo.com

PRO TIPS

· Het beste van Dim Sum Go Go: eend, paddenstoelen, jade-groene driesterren-dumplings met garnalen en bieslook, knolraapcake, walnoten in honingglazuur. Geweldig met een groep.

· Probeer bij de Mian Tian Sing Hair Salon (170 Canal Street, 2de verd.) de aanbieding 'Shampoo/Blow/Style' ($15–25) met 10 min. schouder/nek-massage, 5 min. shampoo-massage op de stoel, 10 min. shampoo-massage aan de wasta-fel, föhnen/stylen..

· De echte cool kids gaan langs bij de New Top Jewelry voor een 'naamkettinkje' à la Carrie Bradshaw ('Sex and the City'), de werkelijk perfecte hanger. Zeg maar tegen Jane dat wij je gestuurd hebben.

📍 **NEW TOP JEWELRY**
185 CENTRE ST
NEW YORK, NY 10013

+1 (212) 226 8159

POTJE TENNIS
IN HET STATIONSGEBOUW
UIT 1913

Een bezoek aan de Grand Central Terminal, of het Grand Central Station, zoals New Yorkers volhouden, is een must omdat de architectuur en techniek van Midtown hier een beaux arts-mirakel van grote verfijning laat zien. Bewonder de koepel met zijn deels omgekeerde zodiak-schildering en ga op zoek naar de mysterieuze fluistergalerij. Maar wat je ook kunt doen, is een potje tennissen op de nauwelijks bekende baan op de vierde verdieping!

De Vanderbilt Tennis Club speelt in een ruimte waar van de jaren 1920 tot de jaren 1950 de Grand Central Art Galleries bestond, indertijd een initiatief van onder anderen de beroemde schilder John Singer Sargent. Nu liggen er twee tennisbanen (één van normale afmetingen en een half veld voor kinderen), waar iedereen mag spelen.

 VANDERBILT TENNIS CLUB
15 VANDERBILT AVE (4DE VERD.)
NEW YORK NY 10017

+1 (212) 599 6500
Reserveren noodzakelijk

vanderbilttennisclub.com

'APPETIZING'
IS HET JUISTE WOORD

In 1935 zette stichter Joel Russ een gewaagde stap: zonen had hij niet, maar wel drie dochters en bovendien een bloeiende zaak, dus maakte hij zijn dochters vennoot en doopte zijn winkel om tot 'Russ & Daughters' – waarmee het eerste Amerikaanse bedrijf met '& Daughters' in de naam was geboren.

De vierde-generatie familieleden Josh Russ Tupper en Niki Russ Federman zijn nog altijd doende om de New Yorkers te leren wat 'appetizing' betekent. Ze breidden van hun geliefde winkel op 179 Houston uit naar Russ & Daughters Cafe op Orchard Street (met buitenposten op de Brooklyn Navy Yard en meer naar het centrum in het Jewish Museum). Het sublieme café wordt geroemd om zijn huiselijke, traditioneel Joodse keuken met inventieve twists. Wij slaan de lange rijen voor de brunch liever over en houden het op doordeweekse maaltijden en romantische diners met borsjtsj, lox en, het belangrijkst, 'Super Heebsters'.

 RUSS & DAUGHTERS CAFE
127 ORCHARD ST
NEW YORK, NY 10002

+1 (212) 475 4880 ext. 2 | russanddaughterscafe.com

- JOSH RUSS TUPPER & NIKI RUSS FEDERMAN -

VIERDE-GENERATIE EIGENAARS VAN RUSS & DAUGHTERS, HET EERSTE AMERIKAANSE BEDRIJF DAT '& DAUGHTERS' TOEVOEGDE

Jullie noemen je categorie 'appetizing'.
Maar wat betekent dat?

NIKI: 'Appetizing' is een echt New Yorkse smaak. Het is een traditie die begon met de Joodse immigranten die hier belandden. Het woord ging verloren, maar de smaak bleef. Wij hebben er hard aan gewerkt om het begrip terug te brengen, speciaal naar New York..

JOSH: Als eettraditie is appetizing het zusje van de delicatessen. 'Deli' is vlees, 'appetizing' is zuivel en gedroogde of gerookte vis. Het is het beleg van je bagel!

Russ & Daughters is niet meer weg te denken. Toch is een succesvol familiebedrijf overeind houden in NYC heel moeilijk. Hebben jullie je wel eens afgevraagd of het nog ging?

J: Dat soort momenten zijn er altijd. Het loopt soms zo raar. Neem nou toen we een restaurant zouden openen terwijl we niets wisten van restaurants beginnen!

N: Mislukken mag niet. Op je schouders drukt de verantwoordelijkheid tegenover de vorige generaties en naar onze klanten toe – New Yorkers! Wij willen niet de generatie zijn die het verpest. Bij alles wat we doen, blijven we terugkijken naar de winkel op East Houston Street als referentiepunt. Vandaaruit zijn we gegroeid, dat is authentiek en zinnig.

J: Je moet volhouden.

Jullie waren geen van beiden van plan om in de familiezaak te stappen.
Waarom heb je het toch gedaan?

N: Ik ben opgegroeid met de wetenschap dat er in onze winkel iets bijzonders gebeurde. Waar in de wereld ik ook kwam en 'Russ & Daughters' opdook in de conversatie, zag je de gezichten oplichten en kwam er een verhaal los over de buitengewone betekenis ervan voor hen. Zo'n emotionele impact is zo zeldzaam dat ik de erfenis wil voortzetten.

Welke plek vertegenwoordigt voor jullie de ware 'Soul of New York'?

J: Café Freemans tussen 2003 en 2006, aan het end van de woensdagmiddag, om een uur of 6, met Yana achter de bar.

N: Jeremiah Stone en Fabian von Hauske, de chefs van Contra en Wildair tegenover ons op Orchard Street. Hun koers in deze buurt, hun succes, wat New York voor hen betekent, het potentieel voor mensen om hun dromen te verwezenlijken. De New York Story..

BEMELMANS BAR
THE CARLYLE (INGANG OP MADISON AVE)
35 EAST 76TH ST
NEW YORK, NY 10021

+1 (212) 744 1600   rosewoodhotels.com

DE BESTE MARTINI'S ...
BIJ JE KINDERBOEK

Er bestaat nog maar één publiek toegankelijke muurschildering van Ludwig Bemelmans, illustrator van de '*Madeline*'-kinderboekenserie. Je ziet hem in bar Bemelmans, de bekende art decobar in het Carlyle Hotel.

Steeds bij het betreden van Bemelmans klopt bij ons het hart vol verwachting. Zou de ober een tafeltje voor ons hebben? En wie treffen we aan? Meestal hebben we al snel een enorme martini voor ons staan en begint de pianist aan een veelbelovend optreden. We komen graag vroeg, zo rond zijn komst (elke middag om half 6), waardoor het soms lijkt alsof hij een privé-concert geeft. Terwijl de muziek en de martini hun effect sorteren, kijken we om ons heen: een beetje ballerige Upper East Siders, societytypes met een plastic uitdrukking, hoogwaardigheidsbekleders en een loslopende beroemdheid of straatmadelief. Er wordt gelachen en gebabbeld, de glazen tinkelen, maar het belangrijkst is de muziek die weerkaatst op de gouden muren vol verhaaltjes.

GEEF GUL
ALS EEN NEW YORKER

Paula Rubenstein heeft de gave om juweeltjes te vinden, unieke schatten die een minder begaafde scharrelaar over het hoofd zou zien. Zo'n mazzel voor ons dat zij het speurwerk doet. Haar naar zichzelf genoemde winkel aan Christie Street is een soort grot der wonderen, waar je allerlei antiek kunt vinden – schilderijen, stoffen, meubels, boeken en curiosa – waarvan de mooie glans hele verhalen vertelt.

De John Derian Company aan 2nd Street is een one-stop shop voor New Yorkers die op zoek zijn naar het perfecte geschenk. Derian verkoopt bijvoorbeeld de Franse cult-keramist Astier de Villatte en vertegenwoordigt de kunstenaar Hugo Guinness, wiens minuscule printjes heel gewild zijn als verzamelobject. De signature-objecten van Derian komen echter uit zijn eigen decoupagelijn van presse-papiers, borden en dienbladen.

PAULA RUBENSTEIN
195 CHRYSTIE ST
NEW YORK, NY 10002

+1 (212) 966 8954 | paularubenstein.com

JOHN DERIAN COMPANY
6 EAST SECOND ST
NEW YORK, NY 10003

+1 (212) 677 3917

johnderian.com

die zijn beplakt met afbeeldingen uit 18de- en 19de-eeuwse natuurcatalogi en ander drukwerk.

Coming Soon is het verrukkelijke, excentrieke geesteskind van eigenaars Fabiana Faria en Helena Barquet, die met hun vernieuwende blik een scherpzinnige collectie handgemaakte keramiek, kleurige kleden, vintage meubels en huishoudelijke artikelen onderhouden. Terrazzo plantenbakken, kopjes van melkglas in pastelkleuren, wierook en glanzende gadgets dragen allemaal bij aan de eigentijdse esthetiek.

 COMING SOON
53 CANAL ST
NEW YORK, NY 10002

+1 (212) 226 4548   comingsoonnewyork.com

DE CREATIEVE WERELD
VAN DONALD JUDD

Met zijn luxewinkels, boetiekhotels en bruisende restaurantscene van nu is moeilijk meer voor te stellen dat SoHo ooit een soort wildernis was met artiesten en krakers in voormalige fabrieksgebouwen en hoog oplopende criminaliteit. Tegenwoordig zijn er weinig kunstenaars meer die zich kunnen veroorloven om in dit buurtje te wonen. In 1968 echter kocht schilder/beeldhouwer Donald Judd, die toonaangevend zou worden in de 20ste-eeuwse kunst, voor $68.000 het woon- en werkadres 101 Spring Street.

Zijn studio is een tijdcapsule die een zeldzaam inkijkje biedt in het beheerste, nauwkeurige creatieve proces van Judd, maar ook in de dagelijkse omgang met zijn ambacht en de kunst van zijn tijdgenoten. Het is een fascinerende tijdreis langs transpiratie, inspiratie en succes. Bovendien kun je hier het continue patroon bekijken waarin onze buurten evolueren van industriegebied via artistieke broedplekken naar complete gentrificatie.

 DONALD JUDD FOUNDATION
101 SPRING ST
NEW YORK, NY 10012

| Reserveren noodzakelijk | juddfoundation.org/visit/new-york | TOEGANG: $25 per persoon $15 studenten & ouderen, met geldige legitimatie |

RETRO-BIZAR DECOR
THAIS-AMERIKAANS

De Thaise retro-soundtrack is al meteen als je binnenkomt opwindend.

Chefs Ann Redding en Matt Danzer, het haute cuisine-stel achter Uncle Boons, kookte een Michelin-ster bij elkaar met hun traditioneel Thais geïnspireerde restaurant, op basis van Reddings roots. Natuurlijk hadden ze op succes gehoopt, maar de onvoorwaardelijke toewijding van de Boons-fans kwam toch onverwacht. Nadat Uncle Boons moest sluiten door covid, stak de posse net zo makkelijk de straat over naar hun nieuwe dagrestaurant, Thai Diner.

De mensen staan buiten in de rij voor een hapje met gebraden kip laab, pittige gehakte kippenlever, massaman neuh en khao soi, met een bier-slushy erbij of een fun wine of cocktails, in een vrolijk sfeertje vol malligheid. Het blijkt een winnend concept, met als dessert een Thaise kokossundae.

THAI DINER
203 MOTT ST
NEW YORK, NY 10012

+1 (646) 850 9480   thaidiner.com

FOTO: ALEX MUCCILLI

POETRY SLAM
SOIRÉE

De vooraanstaande beatnik-dichter Allen Ginsberg noemde het Nuyorican zeer terecht 'de meest geïntegreerde plek op de planeet'. Terwijl weer een nieuwe wolkenkrabber onze skyline verandert en het lijkt alsof het oude New York – het échte New York – vervaagt, zijn lef verliest en ten onder gaat aan wat glanzend en nieuw is, wordt het tijd om in East Village het Nuyorican op te zoeken. Op de avonden met open podium leggen in dit intieme, historische stamcafé artiesten van alle rassen en leeftijden dapper hun ziel bloot met liedjes, hiphop, gedichten en gesproken woord, en het publiek steunt ze met instemmend geklap.

In een stad waar commercie en kapitalisme het vaak winnen van creativiteit en authenticiteit is het Nuyorican een van de meest opbeurende ervaringen om tegenaan te lopen. En tegelijk zou je hier zomaar 'the next big thing' kunnen ontdekken voordat de rest van de wereld iets door heeft.

NUYORICAN
236 EAST 3RD ST
NEW YORK, NY 10009

TIP: Koop vooraf kaartjes online, want het zit snel vol! | +1 (212) 780 9386 | Check de tijden van optredens en bestel vooraf kaartjes via de website nuyorican.org

DE BETOVERING VAN
CENTRAL PARK

Central Park is het hart van Manhattan. In onze betonjungle verlangen we diep naar een groene oase buiten het lawaai, het verkeer en de chaos van onze torenhoge bijenkorf.

De landschapsarchitecten Frederick Law Olmsted en Calvert Vaux begonnen in 1857 aan het park en het zou bijna 20 jaar duren voor het af was. Hele dorpen werden weggevaagd uit een gebied dat tot die tijd nog grotendeels agrarisch was.

In de zomer kruipen we bij elkaar op de Sheep Meadow ('schapenwei') om te zonnebaden, en in de winter krabbelen we op de ijsbaan. Maar belangrijker is de dagelijkse aanwezigheid van het park – om te wandelen met je hond of met een mens, om te picknicken met een date, om naar muziek te luisteren of Shakespeare te zien opvoeren, of gewoon voor een beetje rust en kalmte – daarom zijn we zo dol op deze 341 groene hectares.

Hier volgen een paar favoriete loop-, ren- en nadenkplekjes:

 CENTRAL PARK
VAN 59TH STREET TOT 110TH STREET
EN TUSSEN 5TH AVENUE EN
CENTRAL PARK WEST, MANHATTAN

CENTRAL PARK

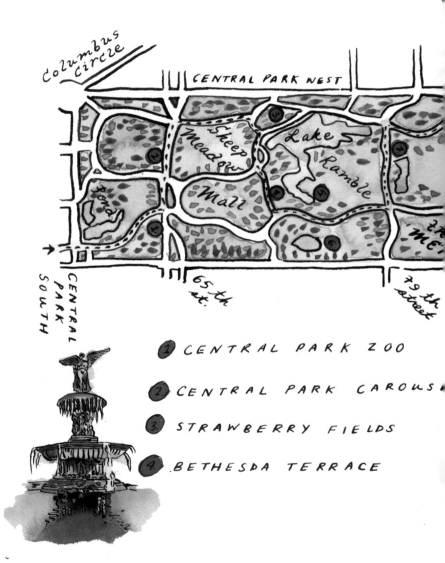

Columbus circle

CENTRAL PARK WEST

Sheep Meadow

Lake

Ramble

Mall

Pond

65th st.

79th street

CENTRAL PARK SOUTH

ME

1. CENTRAL PARK ZOO

2. CENTRAL PARK CAROUSE

3. STRAWBERRY FIELDS

4. BETHESDA TERRACE

NORTH

CENTRAL PARK

86th St.

91st St.

Jacqueline Kennedy Onassis Reservoir

5TH AVE.

DONT FORGET DUKE ELLINGTON!

5   THE LOEB BOATHOUSE

6   ALICE IN WONDERLAND

7   BELVEDERE CASTLE

8   DUKE ELLINGTON STATUE

HACK HET FEIT
DAT JE TOERIST BENT

- Het is echt een mythe dat New Yorkers onvriendelijk zijn. Vraag gerust de weg.

- Kijk omhoog! Zo'n groot deel van de stad zit boven ons. Mis niet alles omdat je met je neus op je telefoon loopt.

- Het Metropolitan Museum of Art is op vrijdag en zaterdag tot 9 uur 's avonds open. Dat is een ideale tijd voor een bezoek ... en begin met de Egyptische vleugel. Ook het Guggenheim is 's avonds open, zaterdag tot en met dinsdag tot 20.00 uur, en op zaterdag zelfs gratis tussen 17 uur en 19.30 uur.

- De galeries in Chelsea zijn op zondag en maandag dicht.

- De 'stad die nooit slaapt' schittert na het donker op zijn mooist en de laatste lift omhoog in het Empire State Building gaat om kwart over 1 's nachts, 365 dagen per jaar.

- Sla een bezoek aan het Vrijheidsbeeld liever over en ga in plaats daarvan per veerboot door de haven van New York, wat een geweldig uitzicht oplevert op zowel 'Lady Liberty' als op de skyline van de stad. Een ideale bestemming is op Governors Island het LMCC's Arts Center (LMCC = Lower Manhattan Cultural Council), de nieuwe kunstenaarsbroedplaats en expositieruimte met dagelijks geopend café.

- De veren zijn onze vrienden: deze watertaxi's verbinden de boroughs met elkaar, ze verlichten de stress van het massale verkeer en er zijn nooit opstoppingen.

- Op lunchtijd kun je voordelig terecht bij onze beste restaurants (Le Bernardin, Cosme, Casa Mono ...)

- Citibikes (stadsfietsen) zijn geweldig. Blijf in je baan en rijd niet tegen het verkeer in.

- Kijk in het Grand Central Station omhoog naar de sterrenbeelden op het beaux arts-plafond. In de noordwesthoek van de koepel zit een donkerder vierkant, dat zo is gelaten na een schoonmaakbeurt om aan sponsors de schade te laten zien die een eeuw van roet en vuil had aangericht.

THE ISAMU NOGUCHI FOUNDATION AND GARDEN MUSEUM
9-01 33RD RD (BIJ VERNON BLVD)
LONG ISLAND CITY, NY 11106

+1 (718) 204 7088   noguchi.org

#25

VEROVER
QUEENS

Er zijn zoveel redenen om verliefd te worden op Queens. Op 20 minuten van Midtown Manhattan, in Long Island City, ligt het MoMA PS1 als een van Amerika's grootste instituten gewijd aan hedendaagse kunst. Maar voor een tastbare, serene en boeiende ervaring is het Isamu Noguchi Foundation and Garden Museum onovertroffen, terwijl het er zelden druk is. Je wandelt tussen het baanbekende werk van Japanse kunstenaars/designers in steen, hout, brons en, uiteraard, papier.

Blijf beslist ook eten in Queens. De buurt Jackson Heights vormt een van de grote multiculti-ervaringen in de wereld, dus zeker in New York City. Queens telt circa 6000 restaurants (waarin bijna alle 120 nationaliteiten van de bewoners zijn vertegenwoordigd) en vooral 'Little India' (74th Street bij Roosevelt Avenue) zorgt voor een diverse selectie. Neem het steegje tussen twee telefoonwinkels om het bescheiden Lhasa Fast Food te bereiken, met heerlijke Tibetaanse momos van rundergehakt met bieslook en vele andere smakelijke hapjes uit Tibet.

MOMA PS1
22–25 JACKSON AVE
LONG ISLAND CITY, NY 11101

+1 (718) 784 2086   moma.org/ps1

LHASA FRESH FOOD
81-09 41ST AVE
QUEENS, NY 11373

+1 (917) 745 0364

Al onze liefde voor eten in New York is belichaamd in chef Dawa Bhuti, die haar Himalaya-erfgoed combineert met een vlekkeloos ethos inzake herkomst en duurzaamheid van haar ingrediënten, dat ze opdeed in de betere NYC-restaurants.

DAWA'S
51-18 SKILLMAN AVE
WOODSIDE, NY 11377

+1 (718) 899 8629   dawasnyc.com

FOTO: THE ODEON

HET NYC-RESTAURANT
VAN TOEN, NU &
HOPELIJK ALTIJD

In 1980 bedachten drie restaurateurs – de broers Keith en Brian McNally en Lynn Wagenknecht, die later nog enkele van de meest geliefde eet- en drinklokalen van de stad zouden openen – om in een voormalige jaren-'30-cafeteria New Yorks perfecte brasserie te beginnen.

De zaak werd platgelopen door de artistieke scene (Basquiat, Warhol, Calvin Klein, Madonna en DeNiro, om een paar namen te noemen) en door Jay McInerney vereeuwigd in zijn boek *Bright Lights, Big City.* The Odeon was het toonbeeld van een door cocaine opgejutte tijd vol overdaad. Al is de sfeer aanzienlijk gekalmeerd, toch is hier te midden van trends én treurnis een baken voor onze stad blijven staan. Op het menu prijkt voor iedereen wel wat lekkers, maar toeristen komen er niet veel. Het is nu meer een buurtrestaurant en een plek voor echte New Yorkers. Hopelijk zullen we er nog eens veertig jaar kunnen komen.

 THE ODEON
145 W BROADWAY
NEW YORK, NY 10013

+1 (212) 233-0507

- ADAM PLATT -

Adam Platt is de restaurantrecensent van het *New York Magazine* en deelde als zodanig twee decennia lang zijn oordeel, schrik en verrukking over de eetscene in onze stad en over de eetcultuur in het algemeen. Van zijn hand verscheen recent *The Book of Eating* met memoires over opgroeien in Hongkong, Tokio en Frankrijk en hoe je een cynisch maar vermakelijk criticus wordt.

Wat vind je van de eetobsessie in onze stad?

De New Yorkse eetcultuur bestaat al lang en je komt er al snel achter dat restaurants niet bij speciale gelegenheden worden bezocht maar voortdurend. Gezinnen moeten voor de bonding samen aan tafel eten, maar dat doen ze dan vaak in het restaurant. New Yorkers hebben een aangeboren behoefte om te ontdekken en ergens naartoe te willen, of het nu oud of nieuw is, in de meest uiteenlopende stijlen.

New York is altijd geobsedeerd geweest door wat er in de mode is, wat je moet kennen ... niet alleen het beste nieuwe Franse restaurant, maar ook prozaïsche zaken als de beste pizza's, ramen, burgers – feitelijk het failliet van het exclusieve dineren en het begin van een 21ste-eeuwse chefscultuur. Wat er qua eten in de afgelopen 15, 20 jaar in de mode was, is wat chefs obsedeert: ingrediënten, technieken, eenvoud, orgaanvlees, dat soort gedonderjaag.

Wat maakt New York een unieke eetbestemming?

Dat is de combinatie van drie sleutelelementen die New York

uniek maken: de diepgang van de restaurantcultuur, de variatie in stijlen en dan de nabijheid en hectiek die hier het leven bepalen. Een diepgaande restaurantcultuur heb je in Tokio en Parijs ook, en in iedere Italiaanse stad, maar daar ontbreekt de variatie. In LA is de variatie juist enorm, maar daar is weer geen restaurantcultuur. Bij ons vind je misschien niet het beste Chinese, Maleisische of Mexicaanse eten ter wereld, maar er zijn weinig plekken op aarde waar je verspreid over een paar stadsbuurten de hele wereld kunt proeven. New York is de enige plek waar je vaak letterlijk in een en dezelfde buurt kunt blijven en de wereld naar jou komt.

De bonte variatie is een weerspiegeling van het schilderspalet van New York

Wat is het terroir van NYC?

New York is stad van vlees en aardappels. Het smaaklandschap, het terroir, van restauranteten in New York is een oester en een stuk steak. Zaken als pizzapunten, knishes, bagels en hotdogs eet je terwijl je in beweging bent. Die kun je met je meedragen, zodat ze naadloos invoegen bij de hectische drukte van de stad. Onze versies zijn erop 'gebouwd' om de ontberingen van het New Yorkse gekrioel te overleven: goedkoop en vertrouwd lekker, met elementaire smaken en umami, om de chaos te lijf te kunnen.

Wat noem jij iconisch New Yorks eten en een dito restaurantervaring?

Mijn antwoord op het eerste is heel lang de Grand Central Oyster Bar geweest, want daarin schuilt bij uitstek de connectie met beweging en reizen, en bovendien horen oesters bij ons terroir, maar de laatste tijd is het er niet bepaald beter op geworden.
Le Bernardin is een geweldig restaurant. Net als alle echt goede New Yorkse restaurants heeft het een uitstraling naar de hele buurt. Het is een buurtrestaurant voor de wat oudere Midtown-kliek. Het wordt gedreven door een familie, en de chef is aanwezig. Hij komt ergens anders vandaan, maar is zonder meer een New Yorkse chef, die zichtbaar is in zijn restaurant. Je kunt daar niet eten zonder dat er iets van grandeur over je komt. Als je eens de grandeur van New York wilt voelen, moet je lekker laat bij Le Bernardin gaan lunchen.

ACHTENTACHTIG SMAKEN IJS (EN BUBBELS)

Stel je voor dat je zó'n ijsfanaat bent dat liefst zeven versies vanille nodig zijn, zes recepten van chocola, vijf keer karamel, vijf smaken met koffie en vijf aardbei ... plus een reeks volstrekt unieke combinaties, zoals pistache met shiso, banaan met kerrie, zout & peper met pijnboompitten!

Gelukkig voor ons heeft Nicholas Morgenstern een dergelijke ijs-obsessie. In zijn flagship store in Greenwich Village heeft hij 88 smaken paraat, allemaal van vlekkeloze ingrediënten zonder additieven, plus een salon waar je waanzinnig lekkere Morgenstern's burgers met friet krijgt – plus een cocktailbarretje, Morgenstern's Fizzy Bubbly. Het komt er eigenlijk op neer dat Morgenstern's Finest Ice Cream alles in huis heeft dat een glimlach op je gezicht tovert.

 MORGENSTERN'S FINEST ICE CREAM
88 WEST HOUSTON ST
NEW YORK, NY 10012

+1 (212) 209 7684   morgensternsnyc.com

CAKES
BIG SLICE $11/A LA MODE $14

**MILE HIGH COCONUT &
PANDAN CAKE**
A LA MODE WITH BLACK CURRANT SORBET

MANHATTAN BLACKOUT
A LA MODE WITH CHOCOLATE & ASH
ICE CREAMS

ICE CREAM CAKES

PEANUT BUTTER WOLF
SALTED PEANUT BUTTER & CHOCOLATE
ICE CREAMS W/RAW MILK

VIETNAMESE COFFEE
VIETNAMESE COFFEE ICE CREAM &
COFFEE CRUMB CAKE W/WHIPPED CONDENSED
MILK

KIDS MENU
CUP/CONE $4

MINI MORGENSTERN
MINI VERSION OF THE CLASSIC MORGENSTERN
SALTED PRETZEL STANDARD

BUTTERSCOTCH BANGER $7.5
VANILLA ICE CREAM CARAMEL & CREAM

LITTLE LION HEARTED $5
HONEY ICE CREAM CHOCOLATE

SWEET DRINKS

HOUSE SODAS $2.5

FLOATS $8
TWO DIPS OF ANY ICE CREAM FLAVOR IN YOUR
CHOICE OF HOUSEMADE SODA

SHAKES $9/12
YOUR CHOICE OF ICE CREAM FLAVOR—
MAKE IT A COMBO BY ADDING $1!

COOLERS $8
YOUR CHOICE OF SORBET FLAVOR

AFFOGATO $6.5
ESPRESSO & ICE CREAM

Morgenstern's

ICE CREAM STANDARDS

CHOCOLATE DELUXE $13
CHOCOLATE CAKES, CHOCOLATE ICE CREAMS,
CHOCOLATE SORBET, CHOCOLATE WHIPPING CREAM

B&W PROFITEROLES $12
LABNE SORBET, CHOCOLATE SORBET,
LABNE AND CHOCOLATE SAUCES

PINEAPPLE DREAMS $6.5
ASH ICE CREAM, PINEAPPLE, AND LEMON

MATCHA & MELON SUNDAE $13
MATCHA ICE CREAM, CANTALOUPE SORBET,
GREEN TEA CAKES, PICKLED CANTALOUPE
WHIPPED CREAM AND SHAVED PISTACHIO

**STRAWBERRY ICE CREAM SANDWICH
$11**
STRAWBERRY JAM N' SOUR CREAM ICE CREAMS ON
BROWN SUGAR MILK BREAD

KING KONG BANANA SPLIT $20
FIVE SCOOPS OF ICE CREAM, BANANAS,
SESAME CARAMEL, PINEAPPLE, LUXARDO

SALTED CARAMEL PRETZEL $13
SALTED CARAMEL ICE CREAM W/ CARAMEL CAKES,
PRETZELS, CARAMEL SAUCE AND WHIPPED CREAM

THE NEW GOD FLOW $12
MELTING RAW MILK ICE CREAM ON JAPANESE WHITE
BREAD WITH CARAMELIZED HONEY

HOT TIN ROOF PICOSO'S CLASSICS $12
OLD GRAND-DAD BOURBON VANILLA ICE CREAM,
HOT FUDGE, PICOSOS, PEANUTS, JUNIOR MINTS

AVOCADO ICE CREAM TOAST $6.5
AVOCADO ICE CREAM ON JAPANESE WHITE BREAD
OLIVE OIL,CONDENSED MILK AND SALT

ICE CREAM FLAVOR
CUP/ CONE · 1 DIP $4.5 · 2 DIPS
MONSTER CONE · 1 DIP $5.5

PARLOR FAVORITES
SALT N' PEPPER PINENUT
CHOCOLATE OAT
FERNET BLACK WALNUT
BLACK LICORICE
AMERICAN EGG
RAW MILK
GREEN TEA PISTACHIO
BURNT SAGE

VANILLAS
MADAGASCAR VANILLA
BOURBON VANILLA
BURNT HONEY VANILLA
FRENCH VANILLA
VANILLA CHIP
ANGEL FOOD VANILLA
BLACK PEPPER MOLASSES

CHOCOLATES
SALTED CHOCOLATE
BITTER CHOCOLATE
DUSTY GIANDUJA
ROCKIEST ROAD
SZECHUAN CHOCOLATE
CHOCOLATE
OLIVE OIL CHOCOLATE ORANGE

CARAMELS
SALTED PRETZEL
BUTTERSCOTCH
SESAME CARAMEL
CINNAMON

AMER
BUTT
EDIBL
CHOC
RUM
CHER
GINGE
PEAN
BLUEB
RAINE

COFF
VIETN
MOCH
COFFE
COFFE
COCO

STRA
SMOO
STRA
PISTA
PASS

BAN
BANA
CHAR
BANA
BANA

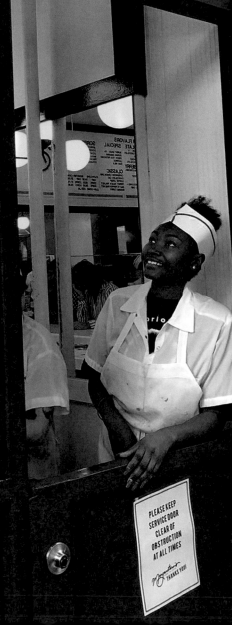

QUICK CUPS
TO-GO
$5
FLAVORS

KING KONG BANANA SPLIT
SALTED PRETZEL CARAMEL
COCOS CLASSIC

MILE FLITAS
NEW GOD FLUFF

BURNT HONEY VANILLA

SALTED CHOCOLATE

SALTED CARAMEL PRETZEL

VIETNAMESE COFFEE

GREEN TEA PISTACHIO

SMOOTH & DELICIOUS
STRAWBERRY

EDIBLE SCHOOLYARD
MINT CHIP

CASH
ONLY!

CHOCOLATE
CHOCOLATE
SALTED

VIETNAMESE COFFEE

All other flavors $13

PLEASE KEEP
SERVICE DOOR
CLEAR OF
OBSTRUCTION
AT ALL TIMES

THANK YOU!

28

PASTRAMI
OP ROGGEBROOD

Het water begint ons in de mond te lopen zodra we na binnenkomst bij Katz's het oranje bestelbonnetje hebben. Dat is het vooruitzicht op het broodje pastrami dat we soldaat gaan maken, maar net zo goed is het de sfeer, de energie, het pure plezier.

Sinds de opening in 1888 heeft Katz's zijn achterban verblijd met geweldig eten en een gastvrije omgeving. Toen de Joodse immigranten aan het eind van de 19de eeuw New York City wisten om te toveren tot de Jiddische theaterhoofdstad van de wereld, werd Katz's in feite hun clubhuis. Beroemdheden zijn er altijd dol op gebleven (zie de kitscherige foto's aan de muur), maar het zijn de authenticiteit en consistentie die zorgen dat Katz's het volhoudt tegenover het oordeel van de New Yorkers.

PRO TIP: De bestelling is simpel: pastrami met mosterd op (tarwe-) roggebrood. Je krijgt er gelukzalig knapperige augurken bij en, onze favoriet, koolsla.

KATZ'S DELICATESSEN
205 EAST HOUSTON ST
(HOEK LUDLOW ST)
NEW YORK, NY 10002

+1 (212) 254 2246   katzsdelicatessen.com

- SYLVIA WEINSTOCK -

(in memoriam: 28 januari 1930 - 22 november 2021)

LEVENSLESSEN VAN EEN ECHTE NEW YORKER, TEVENS BANKETBAKKER

Waar heb je je jeugd doorge-bracht?

Ik ben opgegroeid in Williams-burg, op de hoek van North 8th Street en Bedford Avenue, in een spoorwegflat zonder ver-warming. Op mijn 19de ben ik er weggegaan omdat ik ging trouwen. Ik kom er nooit meer ... Behalve laatst, toen ben ik wezen eten in het Wythe Hotel. Bijna had ik even halt gehou-den op dat oude hoekje, maar ik geloof niet in teruggaan naar het verleden, ik vind dat je voor-uit moet, dus ben ik niet gestopt. Dat is een afgesloten hoofdstuk.

Ouder zijn is fijn,
ik kom zo weg met
allerlei gekkigheid

Dat is een goed ding: leren om verder te gaan..

Hoe lang woon je nu in Tribeca?

Sinds 1983, en ik ga niet meer weg. Als dat toch moet, dan mogen ze me wegdragen!

Wat is jouw New York? Jouw Tribeca?

The city is divided in many ways. Je kunt de stad op allerlei manieren beleven. Je hebt de Upper East Side, waar de stoe-pen schoon zijn en er netjes bij liggen en waar iedereen in hoge appartementenblokken woont en niemand elkaar kent. Down-town is een heel ander verhaal. In deze buurt praat iedereen met elkaar – op straat, in de lift. Twee jaar terug had ik een ongelukje en ik liep met een stok. Allerlei mensen zeiden: 'Zal ik je helpen met oversteken' of 'Moet ik dat pakje voor je dragen?' De mensen zijn met elkaar bezig en willen behulpzaam zijn. Ze beuren elkaar op. Dan zegt er iemand: 'Mooie jas heb je aan!'

Hoe is Tribeca veranderd door de jaren heen?

Dit waren vroeger fabrieksgebouwen. Op zeker moment trokken hier kunstenaars naartoe en die konden in lofts van meer dan 400 vierkante meter terecht voor $20 huur in de maand. Zodra de eigenaars erachter kwamen dat ze meer geld konden vragen, was het dag, dag, kunstenaars! Tegenwoordig betalen mensen soms wel $15.000 per maand. Maar het wemelt nu ook van de jonge gezinnen.

Waar eet jij graag?

Ik eet veel thuis. Ik kook voor chefs – simpel spul, maar ze vinden het fijn om bij iemand thuis te eten en eens niet in een restaurant. Verder eet ik dicht bij huis, want ik steun graag mijn eigen buurt. Ik ga naar The Odeon, Frenchette, Petrarca. Pas zat ik nog bij de Tamarind. Jaren geleden, toen ik nog studeerde,

kreeg je voor $1,95 een driegangenmenu. Het leven was heel anders. Het hele idee van een stuiver bestaat niet meer.

Wat was je van beroep?

Sylvia Weinstock Cakes is 40 jaar mijn winkel geweest, met een geweldige klantenkring.

Veel mensen van buiten vinden New York City heel heftig. Wat vind jij daarvan?

New York is een stad vol energie ... niet vol stress. Alles hangt van je eigen houding af. Je voelt het aan de manier waarop de mensen lopen en praten. We zijn een vooruitstrevende stad: tattoo's op plekken waar het in de Midwest niet zou kunnen. Daarom gaan die mensen daar weg en komen ze hier! Ze worden aangetrokken door een gebied dat hen accepteert en pas in de tweede plaats omdat het opwindend is.

Is New York nog opwindend?

Opwinding komt uit de mensen die je kent en uit je eigen levenshouding. Je kunt in een roelstoel in een hoekje gaan zitten doodgaan. Maar je kunt er ook op uit trekken, gaan lunchen en praten met jonge mensen en wat van ze leren ... Mensen zijn geweldig. Leven is heel verfrissend.

115

FOTO: AIRE ANCIENT BATHS

DRIJVEN
IN EEN ANTIEK BADHUIS

Terwijl je afdaalt naar de Aire Ancient Baths in Tribeca lijkt het alsof je een andere dimensie betreedt. De behuizing is een voormalige textielfabriek uit 1833 met prachtig zichtbaar gemaakte balken en bakstenen. De ruimte met het thermaalbad is duister en troostrijk, stil en sensueel. Het is een perfecte plek om te herstellen van het lawaai en gejacht van de stad (en je voor te stellen dat je in het 5de-eeuwse Rome bent), met voorzieningen en behandelingen die vergelijkbaar zijn met wat een vijfsterrenhotel biedt.

Sommige ervaringen zijn speciaal toegesneden op stellen (en inderdaad komen stellen hier maar wat graag), zoals een bad in Spaanse rode wijn, Ribera del Duero, maar wij zijn dol op zelf scrubben met zeezout en daarna drijven in het verzachtende, serene zoutwaterbad.

📍 **AIRE ANCIENT BATHS**
88 FRANKLIN ST
NEW YORK, NY 10013

+1 (646) 878 6174

beaire.com
bookingnytribeca@beaire.com

ONE-STOP SHOP
VOOR EEN FEESTELIJK NACHTLEVEN

¨Waar kunnen we dansen?¨

Een steeds terugkerende New Yorkse vraag. Wij hebben twee bruisende maar heel verschillende opties voor je, allebei in het Roxy Hotel in Tribeca.

Afdalen naar de ondergrondse jazzclub The Django voelt alsof je wordt overgestraald naar de jaren 1920 in Parijs, waar in stijlvolle retro-pakken geklede crooners je toezingen en je voeten vanzelf in beweging komen.

THE ROXY HOTEL TRIBECA
2 6TH AVE
NEW YORK, NY 10013

+1 (212) 519-6600   roxyhotelnyc.com

Ondertussen laten dj's in Paul's Baby Grand, het met roze accenten gedecoreerde thuis van nightlife-legende Paul Sevigny, vrolijke 'goodtime music' van alle tijden horen. Dit is letterlijk de plek waaraan Mark Ronson refereerde in zijn song 'Leaving Los Feliz'. Van de dansvloer kun je de semi-abstracte schilderijen van wonderkind Josh Smith bewonderen, waar de hele tent mee versierd is.

Een mooi weetje: Roger, de zwierige heer met wit haar die je cocktail maakt, was de eerste vrijer van Madonna toen ze eind jaren '70 in New York City neerstreek.

PRO TIP: Noem mijn naam maar bij de deur, dan heb je meer kans om binnen te komen. xo Tarajia.

THE DJANGO
THE ROXY HOTEL TRIBECA
2 6TH AVE
NEW YORK, NY 10013

thedjangonyc.com

PAUL'S BABY GRAND
THE ROXY HOTEL TRIBECA
2 6TH AVE
NEW YORK, NY 10013

roxyhotelnyc.com/dining/pauls-cocktail-lounge | De portier bepaalt of je wordt toegelaten.

Het 31ste adres verraden we nooit
in de 'Soul of ...'-reeks, want dat is strikt vertrouwelijk.
Aan jou de mooie taak om het te ontdekken!

GEHEIMEN
VAN HET SEIZOEN

Het 31ste adres van onze mooiste ervaringen onthullen we nooit, maar als je een intieme bar met oude lambrisering hebt gevonden, zou je er heel dichtbij kunnen zijn. Wat je moet bestellen, kunnen we ook niet zeggen, want dat is aan de chef, wiens specialiteit *kaiseki* is – Japanse seizoensgerechten van de beste lokale producten. Ons advies is om je lot maar in zijn creatieve handen te leggen en te genieten van de rit.

ACHTER DE HALL

Reserveren noodzakelijk
odo.nyc